Nekonečné světlo

Nekonečné světlo

Spiritualita a rodinný život

Sri Mata Amritanandamayi

Mata Amritanandamayi Center
San Ramon, CA 94583, Spojené státy americké

Nekonečné světlo
Spiritualita a rodinný život

Vydavatel:
Mata Amritanandamayi Center
P.O. Box 613
San Ramon, CA 94583
Spojené státy americké

———— *Immortal Light (Czech)* ————

Copyright © 2017 Mata Amritanandamayi Center,
P.O. Box 613, San Ramon, CA 94583
Spojené státy americké

Všechna práva vyhrazena
Žádná část této publikace nesmí být žádným způsobem opisována, předávána, reprodukována či překládána do dalšího jazyka bez písemného svolení autora:

V České republice:
cz.amma.org

V Indii:
amritapuri.org
inform@amritapuri.org

Modleme se co nejupřímněji:

Pane, dej, ať na Tebe během dne neustále myslím. Ať každá má myšlenka, každé mé slovo a skutek mne vedou blíž k Tobě. Dej, ať svým činem, slovem či myšlenkou nikomu neublížím. Buď se mnou neustále.

Amma

Obsah

Předmluva	7
Milé děti	9
Duchovní život	17
Arčana	32
Mantra Džapa	39
Chrám	43
Duchovní mistr	51
Nezištná pomoc	55
Karmajóga	60
Satsang	64
Domov	66
Jednoduchý způsob života	74
Strava	77
Manželský život	86
Výchova dětí	91
Vánaprašta	97
Různé	99
Slovníček	105

Předmluva

Existuje trvalá Pravda, která se během času nemění. Poznání této Pravdy je cílem lidského života. Jednou za čas se mezi námi objeví velké osobnosti, aby nás k ní směrovaly a vedly. Tito lidé nám umožní nahlédnout do svých zkušeností a tzv. „přivoněť si", abychom dokázali pochopit pravý význam Písem. Činí tak vždy způsobem, který odpovídá době a kultuře, do které se narodili. Učení Ammy ukazuje dnešním lidem, kteří putují oceánem *samsáry* (cyklus zrození, života a opětovného zrození), jak dojít na druhý břeh a ochutnat nektar nekonečné blaženosti. Její slova představují všudypřítomné paprsky, jež vedou všechny, kteří se nachází v temnotě materialistického života, zpět ke světlu své vlastní přirozenosti.

Podívejme se na naše životy: Nejen že nebereme v potaz nejvyšší cíl lidského života, ale ztratili jsme i podmínky, jak se dobrat skutečného poznání. K probuzení dnešní společnosti, která na spiritualitu takřka zapomněla, je důležité opětovně formulovat pravidla rodinného života a zavést určitý řád, který nás povede k Nejvyššímu Poznání.

Ti, kteří žijí podle rad Ammy, nemusí za štěstím putovat nijak daleko. Štěstí si je najde samo. S láskyplnou moudrostí poskytuje Amma svým dětem jednoduchá pravidla pro šťastný a smysluplný rodinný život. Důraz klade především na duchovní praxi, nezištnou pomoc bližním a odevzdání se Bohu.

Lampa, kterou Amma zapálila v niterné svatyni našeho srdce, bude den ode dne jasnější a posléze se rozšíří nad veškerá očekávání. Od nás se pouze žádá, abychom každý den dolévali olej své duchovní praxe. Prosme tedy Ammu, aby nám pomohla s naší troškou do mlýna – tj. přinést do dnešního materialistického světa malý kousek světla.

Milé děti

Tělo netrvá věčně. Může zaniknout každým okamžikem. Po mnoha předchozích životech jsme se narodili jako lidé. Pokud svůj cenný život promarníme a budeme žít ryze světským životem jako zvířata, je možné, že sestoupíme z evolučního žebříku, zrodíme se opět jako zvířata a budeme čekat na další lidský život.

Dnes je lidská mysl zaměstnána bezpočtem přání. Bez ohledu na to, jak namáhavě se snažíme všechny touhy uspokojit, budeme nakonec zklamaní. Lidé plýtvají čas neustálým zoufáním si nad svými chybami a přicházejí tak o klid mysli a své zdraví. Klidná mysl je však to, co potřebujeme především. V ní leží naše největší bohatství.

Děti, nemyslete si, že klid mysli získáte pomocí materiálního bohatství. Proč by pak lidé, kteří žijí v klimatizovaných rezidencích, končili svůj život sebevraždou? Na Západě existuje velké materiální bohatství a blahobyt. I přesto tamější lidé nezažívají ani okamžik skutečného klidu. Štěstí a utrpení závisí na naší mysli, nikoliv na vnějších věcech. Nebe a peklo existují zde na zemi. Pokud v našem životě pochopíme správný smysl a účel každého materiálního objektu a budeme se tím řídit, nebudeme mít důvod k zoufalství. Poznání, které nás učí, jak žít na této zemi a mít navzdory veškerým překážkám spokojený život, nazýváme spirituální poznání – poznání, jak ovládnout mysl. Tuto schopnost potřebujeme více než cokoli jiného. Jakmile se jednou dozvíme o špatných i dobrých stránkách věcí, můžeme si vybrat cestu, která vede k nekončící radosti. Věčné blaženosti lze dosáhnout jen za předpokladu, že budeme usilovat o poznání Nejvyššího.

Nemyslete si, že vaši blízcí s vámi budou navždy. V nejlepším případě s vámi budou do okamžiku vaší smrti. Uvědomte si, že život

Milé děti

nekončí po šedesáti či osmdesáti letech prožitých v tomto těle. Máte před sebou ještě mnoho životů. Stejně tak jako si v bance ukládáte úspory pro své materiální potřeby, měli byste shromažďovat i bohatství trvalého charakteru. To vše, jste-li ještě tělesně i mentálně zdraví. Nemateriální bohatství získáte opakováním Božího jména a ušlechtilým jednáním.

Pokud někdo udělá sto dobrých věcí a jen jednu chybu, lidé jej přesto odsoudí a odmítnou. Udělá-li však člověk sto pochybení a pouze jeden dobrý skutek, Bůh jej přijme a zahrne láskou. Buďte tedy připoutáni jen k Bohu. Věnujme mu vše.

Jakmile děti vyrostou, založí rodinu a dokáží se o sebe postarat, měli by jejich rodiče věnovat svůj život jen Poznání Nejvyššího – angažovat se v nezištné pomoci ostatním a duchovní praxi. Pokud okolnosti dovolí, měli by rodiče strávit zbytek života v *ašramu*. Budou-li se neustále strachovat o své dospělé děti, nepomohou ani sobě ani jim. Naopak, stráví-li svůj čas v upřímném duchovním úsilí, bude z toho mít prospěch mnoho generací celé rodiny (minulých i budoucích).

Děti, modleme se k Bohu s postojem úplného odevzdání a mějme jediný cíl – poznat Nejvyššího. Pokud budeme hledat útěchu u Boha, dostane se nám všeho, co potřebujeme; nic nám nebude chybět. Spřátelíme-li se s královským skladníkem, možná dostaneme dýni; když však potěšíme samotného krále, veškeré bohatství královské pokladnice nám spadne do klína. Když máme mléko, můžeme z něj získat jogurt, podmáslí i máslo. Proto hledejme útěchu u Pána. Ten se postará o naše materiální i duchovní potřeby. Oddanost k Bohu přinese štěstí nám, naší rodině i celé společnosti.

Děti, v životě musí být řád a disciplína. Jedině tehdy se budeme moci radovat ze své vnitřní blaženosti a nebudeme záviset na vnějších objektech. Uvědomte si, jak tvrdě lidé

Milé děti

pracují, aby udělali zkoušku či získali zaměstnání! A co pak ten, kdo usiluje o poznání sebe a získání trvalé blaženosti? Každý okamžik naší světské existence by měl směřovat k tomuto cíli. Neustále opakujte svou mantru. Duchovní praxi provádějte denně, o samotě a v určitou dobu. Příležitostně navštěvujte *ašram* a věnujte se tam tiché meditaci a opakování mantry. Co nejvíce pomáhejte ostatním.

Svět je závislý na lásce k jeho existenci. Pokud ztratíme harmonii a schopnost milovat, ztratí se harmonie v přírodě; atmosféra přestane podporovat život, nevyklíčí semena stromů, rostlin a zvířata nebudou mít podmínky ke svému vývoji. Zkazí se plodiny, znásobí se nemoci, sníží se srážky a nastanou období sucha. Proto děti, mějte se mezi sebou rádi. Buďte spravedliví, milující a ušlechtilí a harmonie v přírodě začne růst. V každém vnímejte jen dobro. Vůči nikomu nechovejte zášť či nenávist a nikdy o nikom nemluvte zle.

O každém člověku smýšlejte jako o dítěti jediné Boží Matky a každého milujte jako svého bratra a sestru. Veškeré skutky věnujte Pánu a nechte Boží vůli převládnout ve všem.

Pokud se vás někdo zeptá na smysl vašeho duchovního života, můžete odpovědět: „Cožpak netouží každý z nás po klidu a štěstí? Došel jsem k tomu, že klid a štěstí lze získat, bude-li člověk žít v duchu spirituality. Proč se tedy ptáte na mé hodnoty? Cožpak vy také všude možně nehledáte štěstí? Uvědomte si, kolik prostředků vynakládáte na luxusní zboží, drogy a věci, které ve skutečnosti vůbec nepotřebujete. Proč vám tak vadí, když jedu do *ašramu* nebo se zajímám o duchovní věci?" Najděte v sobě sílu mluvit takto otevřeně. Nestyďte se. Seberte odvahu a věnujte svůj život prohloubení našeho velkého duchovního odkazu.

Není důvod, abyste se styděli za spirituální život. Buďte upřímní a řekněte: „Vybral jsem

Milé děti

si tuto cestu, abych našel duchovní štěstí. Lidé se obvykle snaží nalézt štěstí a klid tak, že si pořídí dům, vstoupí do manželství či získají dobré zaměstnání. Já nacházím klid a štěstí na duchovní cestě. Mým cílem je získat mentální klid a spokojenost, ne život v nebi či osvobození po smrti. Mimochodem, poskytuje vám váš způsob života trvalé prožívání klidu a štěstí?"

Děti, jakmile jednou nastoupíte na loď či do autobusu, nemusíte dále nosit svá zavazadla. Položíte je. Věnujte vše Bohu. Prožijete-li svůj život v odevzdání, budete prosti utrpení. Bůh se o vás bude neustále starat a ochrání vás.

Amma

Duchovní život

Každý by se měl snažit vstávat ráno před pátou hodinou. Ideální dobou pro spirituální cvičení – meditaci a opakování mantry – je *brahma muhurta,* čas období mezi třetí a šestou hodinou ranní. Během této doby v přírodě převládají *sattvické* (čisté, ušlechtilé) kvality; mysl je jasná a tělo plné energie. Není dobré spát po východu slunce. Jakmile se probudíte, nezůstávejte v posteli, jinak zvyšujete lenost a ztrácíte jasnou mysl. Pokud najednou nezvládnete snížit dobu spánku, můžete začít postupně. Ten, kdo se pravidelně věnuje duchovním cvičením, nepotřebuje dlouho spát.

Když se ráno vzbudíte, vstaňte po pravém boku. Představte si, že před vámi stojí váš milovaný Pán nebo duchovní mistr a skloňte se k jeho nohám. Poté si můžete sednout na postel a alespoň pět minut meditovat. Modlete se co nejupřímněji: „Pane, dej, ať na Tebe během celého dne neustále myslím. Ať každá moje myšlenka, slovo i čin mne vedou blíž k Tobě. Dej, ať svým činem, slovem či myšlenkou nikomu neublížím. Buď se mnou bez přestání."

Každý den si vyhraňte alespoň jednu hodinu pro duchovní cvičení. Ráno by si měla celá rodina spolu sednout a modlit se k Bohu. *Arčanu* opakování (božích jmen) můžete začínat meditací na svého duchovního učitele a recitací jmen, která ho uctívají. Poté opakujte sto osm či tisíc jmen Boží matky či vašeho Pána. V tuto dobu můžete i opakovat svou mantru, meditovat či zpívat duchovní písně.

Bez ohledu na to, kolik máte po arčaně práce, snažte se v mysli stále udržet živou představu

Duchovní život

Pána. Vždy, než si sednete či vstanete, skloňte se k zemi. Je dobré si uvědomovat, že vaše knihy, psací potřeby, oblečení, nádobí i pracovní nástroje jsou naplněny Boží přítomností a v důsledku toho vše používat s respektem a úctou. Než do rukou vezmete jakýkoli předmět, na znamení úcty se jím dotkněte svého čela. Tento postoj vám pomůže, abyste neustále vnímali Boží přítomnost. Ostatní, když uvidí vaše počínání, budou jednat stejně.

Když se s někým potkáte, pozdravte se navzájem slovy, které vám připomenou Pána, jako *Om Namah Shivaya*, *Hari Om* nebo *Jai Ma*. Stejnému chování naučte i své děti. *Om Namah Shivaya* znamená „Buď pozdraven nejvyšší Pane." Když zvedneme ruku na znamení rozloučení a řekneme „Na shledanou", dáváme najevo, že se oddělujeme jeden od druhého; když však sepneme ruce a pokloníme se (provedeme *pranám*), tak se naše srdce vzájemně sbližují.

Veškerý volný čas ve svém zaměstnání a kdekoli jinde věnujte opakování mantry či čtení duchovní literatury. Vyhněte se neužitečnému mluvení a s ostatními se snažte hovořit o duchovních věcech. Za každou cenu se přestaňte stýkat s nevhodnou společností.

Každý, kdo jí sattvickou stravu, medituje a pravidelně opakuje mantru, získá následně sílu, aby dokázal žít v celibátu. Během některých stupňů duchovní praxe se může stát, že se na povrch dostanou vrozené tendence a silně se probudí touha po světských věcech. Stane-li se tak, vyhledejte radu svého duchovního učitele. Odevzdejte se Bohu a nebojte se. Snažte se co nejvíce a ovládejte se, jak nejvíc dokážete.

Duchovní život

Dobrým zvykem je psát si každý den deník, nejlépe než jdete spát. Do deníku si poznamenávejte, kolik času denně jste věnovali duchovním cvičením. Deník si pište tak, aby vám pomohl uvědomit si své vlastní chyby. Poté se snažte chyby neopakovat. Deník by se ale neměl stát záznamníkem o chybách jiných lidí či vašich každodenních činnostech.

Před spaním si sedněte na postel a alespoň pět minut meditujte. Poté se pokloňte svému duchovnímu učiteli či Bohu. Když se klaníte, představujte si, že se pevně držíte nohou vašeho mistra či Pána a modlete se co nejupřímněji: „Pane, odpusť mi prosím veškerá má pochybení, kterých jsem se dnes vědomě či nevědomě dopustil a dej mi sílu, ať je již neopakuji."
Pak si představte, že pokládáte hlavu do klína či k nohám vašeho milovaného učitele či Boha,

nebo že sedíte proti němu. Zkuste usínat se svou mantrou na rtech. Budete-li opakovat mantru při usínání, bude vás mentálně provázet nepřetržitě po celou dobu spánku. Stejný postup naučte i své děti. Měly by si vypěstovat zvyk budit se v pravidelnou dobu.

Je velmi prospěšné, zdržíte-li se na dvě hodiny veškerého mluvního projevu. Pokud dokážete mlčet celý jeden den v týdnu, bude to mít velice silný vliv na váš duchovní pokrok. Možná namítnete, „copak mysl není neustále zaneprázdněna miliony myšlenek a to i v případě, že nemluvím?" Představte si přehradní nádrž plnou vody. Přestože jsou na vodě vlny, žádná voda z ní neodtéká. Stejně tak, budete-li potichu, bude vaše ztráta energie velmi malá, i když máte mysl plnou myšlenek. Množství své vitální energie ztrácíme mluvením. Život holubice, která neustále vrká, je krátký, zato tichá želva se dožije vysokého věku. Když mlčíte, můžete opakovat mantru, tímto energii neztrácíte. Mlčení, *maunam* (ticho), má vést k eliminaci všech světských myšlenek a hovorů.

Duchovní aspirant nemá čas na zbytečné hovory ani zájem mluvit o někom nehezky. Ti, kteří všude hledají chyby, nikdy duchovně nepokročí. Nikoho nezraňte ani slovem, myšlenkou či skutkem. Mějte soucit se všemi bytostmi. *Áhimsa* (nenásilí) je nejvyšším principem *dharmy* (spravedlivého zákona).

S úctou se chovejte vůči všem velkým mistrům a *sanjásinům* (mnichům). Navštíví-li váš dům, patřičně je přijměte. Jejich požehnání získáte pokorou, vírou a oddaností, ne tradičními rituály, pompou či obřadností.

Neposlouchejte nikoho, kdo mluví špatně o duchovních mistrech či svatých lidech (*mahátma*). Nikdy neposlouchejte ani se neúčastněte hovoru, kde někoho pomlouvají. Máte-li negativní myšlenky o ostatních, vaše mysl se znečistí.

Každý den věnujte nějaký čas četbě duchovních knih, protože tato činnost je také druhem *satsangu* (společností moudrých a svatých). Opatřete si knihu svého duchovního mistra nebo Bhagavad-gítu, Rámájánu, Bibli či Korán a čtěte ji každý den. Každý den se naučte nazpaměť alespoň jeden verš. Když budete mít čas, čtěte i další duchovní literaturu. Životopisy a učení velkých mistrů pomáhají zesílit naši odpoutanost a porozumět principům spirituality. Čtete-li knihu nebo posloucháte duchovní přednášku, dělejte si poznámky, které se vám v budoucnu mohou hodit.

Duchovní život

Děti, modlete se za štěstí všech bytostí. Modlete se k Bohu, aby požehnal i těm, kteří vám chtějí ublížit, a obrátil je k lepšímu. Je obtížné klidně spát, je-li u sousedů zloděj. Když se budete modlit za štěstí druhých, jste to vy, kdo tím získá klid. Aby na světě převládl mír, opakujte denně mantru *Om lokah samastah sukhino bhavantu* („Ať jsou všechny bytosti šťastné").

Vaše rodina by měla být pevně zakotvena v pravdě. Zdržte se lhaní. V dnešní *kalijuze* (věk materializmu) představuje následování pravdy největší formu odříkání. Občas budete muset zalhat, abyste někomu pomohli či nepoškodili *dharmu* (učení), ale dejte si pozor, ať nelžete pro své sobecké cíle.

Vaše srdce je svatyně a v ní byste měli hledat svého Pána. Dobré myšlenky jsou jako květiny, které Mu věnujete, ušlechtilými skutky Jej uctíváte, milá slova jsou hymny k Jeho slávě a vaše láska představuje svěcený pokrm.

Sedět v meditaci se zavřenýma očima nestačí. Svou práci provádějte jako akt uctívání. Tímto přístupem budete zakoušet Boží přítomnost všude. To je pravá meditace.

Rádio a televizi používejte s rozumem. Poslouchejte a sledujte jen ty programy, které napomohou vaší kultivaci. Televize představuje *tele-visham* (*visham* znamená v malajamštině „jed"). Když si nedáme pozor, ztratíme schopnost rozlišování a přijdeme nejen o čas, ale poškodíme i svůj zdrak.

Duchovní život

Lidé potřebují především klidnou mysl. Té lze dosáhnout pouze tehdy, když ji dokážeme ovládnout.

Chyby ostatních bychom měli zapomínat a odpouštět. Hněv je nepřítelem všech duchovních hledajících. Hněváme-li se, ztrácíme energii doslova každým pórem těla. Kdykoli propadneme vzteku, měli bychom ji ovládnout a přísně si říci: „Ne"! Poté bychom měli odejít na klidné místo a opakovat mantru. Tak se mysl sama uklidní.

Svobodní lidé by měli shromažďovat svou životní energii a dodržovat celibát. Abyste energii, kterou tímto získáte, mohli přeměnit v *ódžas* (subtilnější druh vitální energie), musíte provádět duchovní cvičení. Se zvýšením této jemné energie se zlepší vaše inteligence, paměť, zdraví a krása a vaše mysl bude zakoušet neustálé štěstí.

Pokrok není možný bez disciplíny. Národ, instituce, rodina či jednotlivec se může zlepšit, jen když dá na rady těch, kteří zasluhují respekt a dodržuje adekvátní řád a pravidla. Poslušnost není slabost. Poslušnost a pokora vedou k disciplíně.

Semínko je nutno zasít do země, aby se objevila jeho potenciální forma v podobě rostliny. Můžeme růst, jen budeme-li skromní a pokorní. Pýcha a arogance nás zničí. Buďte milující a soucitní a mějte na paměti, že byste měli být služebníkem všech. Celý vesmír se vám pak pokloní.

Duchovní život

Jaký smysl má náš život, pokud si nevyhradíme z celých dvaceti čtyř hodin alespoň jednu hodinu denně, abychom mysleli na Boha? Uvědomte si, kolik času strávíte sledováním televize, čtením novin, bezúčelným mluvením a jinými zbytečnými činnostmi! Děti, pokud opravdu chcete, určitě si dokážete vyhradit alespoň hodinu denně na duchovní cvičení. Tento čas byste měli považovat za nejsmysluplnější část celého dne. Nedokážete-li si najít celou hodinu, rozdělte si ji na dvě půlhodiny, ráno a večer.

Meditace zvýší vaši vitalitu a posílí inteligenci. Zvýší se i vaše fyzická krása, mentální schopnosti a zdraví. Získáte trpělivost a sílu čelit jakémukoli životnímu problému. Tak meditujte! Poklad, který hledáte, naleznete jen díky meditaci.

Každodenní cvičení *suryanamaskar* (pozdravu slunci) a dalších jógových pozic velmi prospívá zdraví a duchovní praxi. Nedostatek správného pohybu je dnes příčinou mnoha chorob. Kdykoli máte příležitost, nejezděte autem či autobusem, ale projděte se. Dopravní prostředky používejte, jen cestujete-li daleko. Jezděte často na kole. Zároveň tak ušetříte i peníze.

Děti, jednou za čas navštivte dětské domovy, nemocnice či sociálně slabé jednotlivce. Zajděte za těmi, kteří jsou nemocní, chudí a potřebují pomoc. Svou rodinu vezměte s sebou. Poskytněte pomoc těm, kteří ji potřebují, a postarejte se, aby měli všeho dostatek. Láskyplná slova a vyjádření zájmu pomůže trpícím více než jakákoli finanční částka. Vaše srdce se tak více otevře.

Zkuste alespoň dva nebo tři dny v měsíci strávit v *ašramu*. Vaše tělo a mysl očistí a posílí i pouhé dýchání tamějšího vzduchu. Své baterky si dobijete tak, že opakovat mantru a meditovat budete i po návratu domů.

Základem veškerých rituálů a zvyklostí by se měla stát láska. Pouhé skutky, které nejsou konány se správným úmyslem, nestojí za nic. Vše by se mělo provádět s pokorou, oddaností a čistými úmysly. Abyste získali správnou disciplínu, musíte být skromní. Skromnost a disciplína jsou jako olej do motoru. Pojedeme-li s motorem bez oleje, zadře se.

Arčana

Opakování Božího jména

Ráno, by si celá rodina měla spolu sednout a recitovat arčanu. Pokud není možné, aby se všichni sešli, recitujte arčanu o samotě. Pokud nemáte možnost se osprchovat, umyjte si alespoň ruce a obličej. Každodenní opakování Božího jména nikdy nevynechejte.

Během své měsíční periody pociťují některé ženy více negativních myšlenek. Právě proto je důležité, aby během této doby praktikovaly arčanu. V Indii bývá zvykem, že se ženy během své menstruace neúčastní kolektivních modliteb. Mohou však sedět stranou a opakovat mantru či zpívat arčanu samy. Někteří lidé tvrdí, že během této doby by se ženy recitace tisíce jmen Boží matky (*Lalita Sahasranama*)

Arčana

měly zdržet, ale Amma vás ujišťuje, že na tom není nic špatného. Boží matka slyší pouze na řeč vašeho srdce.

Pokud je to možné, tak by během arčany neměl doma nikdo spát. Pokud se během recitace cítíte unaveni, postavte se a pokračujte dál. Nezapomínejte, že když provádíte arčanu, váš milovaný Pán je přítomen v jemné podobě. Během recitace byste neměli vstávat a odejít nebo mluvit s ostatními.

Může vám pomoci, když si před sebe postavíte obrázek vašeho Pána. Před začátkem arčany meditujte alespoň pět minut. Vizualizujte si svého milovaného Pána zřetelně, od hlavy až k patě a naopak. Můžete si představit, že se váš Pán zjeví v lotosu vašeho srdce a přijde si sednout naproti vás. Když zpíváte každou jednotlivou mantru, představujte si, že k nohám vašeho Pána pokládáte květy. Představte si v srdci nádherně rozkvetlý strom a sebe, jak trháte jeho květy a nabízíte je Pánu. Když během arčany nemáte žádné květy k dispozici, použijte mentální květy svého srdce. Takové květy, věnované s oddaností, jsou Bohu nejmilejší. Květy srdce se skládají z pokory, oddanosti a odevzdání.

To, k čemu jsme nejvíce připoutáni a co je nám nejdražší, bychom měli nabídnout Bohu. Cožpak nedává matka dítěti také jen to nejlepší?

Jednoduchá *pránájáma* (ovládání dechu) před arčanou pomůže zvýšit koncentraci. Sedněte si rovně, přiložením levého ukazováčku zacpěte pravou nosní dírku a levou se nadechněte; pak zavřete levým palcem levou dírku a pravou vydechněte. Nyní se nadechněte pravou a vydechněte levou nosní dírkou. Udělali jste nyní jeden cyklus pránájámy. Můžete udělat tři. Když se nadechujete, představujte si, že se naplňujete dobrými vlastnostmi; při výdechu si uvědomujte, že vás v podobě temnoty opouští veškeré nežádoucí vlastnosti, špatné myšlenky a negativní *vásany* (vrozené tendence).

Během arčany můžete namísto květů použít *akšatu* – zrnka neloupané rýže smíchané se špetkou kurkumy. Po skončení obřadu ji můžete dát vařit s ostatní rýží či obilovinami.

Provádíte-li arčanu ve skupině, jeden z vás může mantry předzpívávat a ostatní opakovat. Každou mantru opakujte pomalu, srozumitelně a s oddaností. Zpočátku nebudete umět dobře vyslovit každou mantru z Lalita

Sahasranamam. Můžete tedy vždy opakovat jedinou mantru, tj. *Om Parashaktyai Namaha* či *Om Shivashaktyaikya Rupinyai Namaha*[1].

Po skončení arčany nevstávejte. V mysli přemístěte svého milovaného Pána sedícího před vámi zpět do svého srdce. Vizualizujte si Jeho podobu v srdci a chvíli meditujte. Je-li to možné, zazpívejte si dva či tři *kirtany* (náboženské písně). Když dáte pacientovi injekci, požádáte ho, aby zůstal na pár minut v klidu. Léčebná látka se tak dostane do celého těla. Obdobně, chcete-li mít optimální užitek ze zpívání manter, nechejte svou mysl po skončení obřadu na chvíli v klidu.

---

[1] Když recitujete 108 jmen Boží matky, můžete opakovat i „Om Amriteshwaryai Namaha".

Arčana

Po skončení arčany se ukloňte. Pak se postavte a na místě se po směru hodinových ručiček třikrát otočte. Opět se ukloňte, sedněte si a chvíli meditujte.

Okvětní lístky použité při arčaně můžete dát pod bazalku či jinou posvátnou rostlinu, do řeky, na zahradu či jinam, kde je nikdo nepošlape.

Když budete denně s oddaností opakovat tisíc jmen Boží matky, duchovně vám to pomůže. Rodina, která s láskou zpívá *Lalita Sahasranamam*, nebude mít nikdy nedostatek jídla, oblečení či čehokoliv, co potřebuje k životu.

Představujte si, že každé jméno během arčany symbolizuje jména vašeho milovaného Pána.

Představujte si, že váš Pán se zjevuje ve všech rozličných podobách. Je-li vaším milovaným pánem Krišna, představte si, že během opakování tisíce jmen Boží matky za vámi přišel Krišna v podobě *Dévi* (Bohyně). Nemyslete si, že se Krišna bude zlobit, když budete uctívat Boží matku. Tyto rozdíly vnímáte pouze vy, pro Boha neexistují.

Mantra Džapa

Opakování mantry

V dnešním temném světě materializmu je neustálé opakování *mantry* nejjednodušším způsobem, jak se vnitřně očistit a získat koncentraci. Svou mantru opakujte kdykoli a kdekoli bez ohledu na jakákoli pravidla formální očisty mysli či těla. Opakovat mantru lze při každé činnosti.

Mantra džapa a meditace by se měly provádět každý den bez výjimky. Mantra má smysl, pouze opakujete-li ji pravidelně. Sedlák nedokáže sklidit obilí pouhým čtením zemědělské literatury; musí své znalosti uvést v praxi. Úrodu získá, jedině když bude pracovat.

Když se pevně rozhodnete, že každý den budete opakovat svou mantru v určitém počtu, navyknete si dělat mantra džapu pravidelně. Při opakování mantry je dobré používat *málu* (modlitební korálky). K dispozici dostanete *málu* se 108, 54. 27 či 18 korálky a jedním *meru* (hlavním) korálkem. Vyrábí se ze stromu rudrakša, z tulsi, santalového dřeva, křišťálu nebo polodrahokamů. Stanovte si cíl denně recitovat mantru v určitém počtu. Pokuste se opakovat mantru v mysli v každém okamžiku bdělého stavu, včetně času, kdy cestujete a pracujete. Je vždy moudré obdržet mantru od *satgurua* (osvíceného duchovního učitele). Do té doby můžete opakovat mantru vašeho milovaného Pána: Například: *Om Namah Shivaya, Om Namo Narayanaya, Hare Rama Hare Rama Rama Rama Hare Hare, Hari Om, Om Parashaktyai Namaha, Om Shivashaktyaikya Rupinyai Namaha, Soham* či jména Krista, Alláha nebo Buddhy.

Mantra Džapa

Opakování mantry se snažte nepřerušit ani na okamžik; mantru opakujte bez ohledu na svou práci. Opakovat mantru v mysli bude na začátku možná obtížné; nejprve proto můžete pohybovat rty jako když ryba pije vodu. Budete-li opakovat mantru, nebudete se při své práci účastnit zbytečných diskuzí a vaše mysl zůstane stále klidná. Dnešní nemoci mají většinou psychosomatický charakter. Mantra džapa uzdraví vaši mysl i tělo.

Pokud nedokážete opakovat mantru při určité činnosti, tak se před jejím započetím pomodlete: „Pane, prosím požehnej mi, ať tuto práci zvládnu tak, aby tě to potěšilo." Když s prací skončíte, opět se pomodlete a poproste Boha, aby vám prominul veškeré chyby, kterých jste se možná dopustili.

Představte si, že během cestování ztratíte peníze. Budete se zoufale snažit je najít! Stejným způsobem by vás mělo bolet, když přestanete opakovat mantru byť na okamžik. Měli byste toho litovat a modlit se: „Pane, ztratil jsem tolik času!" Pocítíte-li úzkost a naléhavost, dokážete svůj ztracený čas nahradit.

Dobrým zvykem je, když každý den popíšete mantrou celou jednu stranu papíru. Mnoho lidí se lépe soustředí, když píše, než když recituje. Opakování a psaní mantry naučte i své děti. Zlepší se tím i jejich písemný projev. Sešit, kam píšete svou mantru, nenechte jen tak povalovat, ale pečlivě jej uschovejte u vašeho domácího oltáříku či na meditačním místě.

Chrám

Chrám je místem, které má vyvolat myšlenky na Boha, alespoň na malou chvíli; to platí i pro ty, kteří jsou jinak zcela zaujati světskými záležitostmi. Neměli bychom však zůstat připoutáni k chrámovým rituálům až do konce života. Během celého dne bychom měli co nejvíce myslet na Boha a vymezit si určitý čas na meditaci a opakování mantry. Pokud nezakotvíme Pána pevně ve svém srdci, tak ani celoživotní uctívání v chrámu nám mnoho ovoce nepřinese.

Do chrámu či k duchovnímu mistrovi nechoďte s prázdnou. Jako symbol svého odevzdání mu něco nabídněte, byť by to byla jen květina.

Je velký rozdíl když nabídnete květinovou girlandu koupenou v obchodě a girlandu, kterou vyrobíte z květin z vlastní zahrady. Když sázíte květiny s úmyslem nabídnout je jako dar a zaléváte je, trháte, vážete girlandu a nesete ji do chrámu, tak po celou dobu budete myslet jen na Boha. Bůh přijme cokoli, co mu nabídnete s láskou. Koupíme-li girlandu v obchodě a nabídneme ji Bohu, jedná se jen o formální akt; doma vyrobená girlanda svědčí o čisté lásce a oddanosti.

Navštívíte-li chrám, nespěchejte, abyste ihned dostali *daršan* (zření Boha, setkání či kontakt s duchovním mistrem). Není správné ponechat v chrámu dar a rychle odejít domů. Na chvíli se zastavte a tiše a trpělivě se snažte ve svém srdci spatřit vašeho milovaného Pána. Máte-li trochu času, sedněte si a meditujte. Na každém kroku zopakujte svou mantru.

Chrám

Amma neříká, že uctívání a dary jsou zbytečné – pouze to, že ze všech věcí, které Bohu lze nabídnout, je nejcennějším darem vaše srdce.

Dar věnovaný v chrámu či kladený k nohám duchovního mistra nedáváme proto, že by ho Bůh či duchovní mistr potřeboval. Skutečným darem je odevzdání vlastní mysli a intelektu. Jak na to? Nemůžete odevzdat svou mysl jako celek; odevzdat lze jen to, k čemu je mysl připoutaná. Dnes může být vaše mysl silně připoutána k penězům a jiným světským věcem. Odevzdáte-li tyto věci Bohu, odevzdáváte Mu své srdce. Tento princip stojí v pozadí všech charitativních darů.

Jsou tací, kteří věří, že Pán Šiva žije jen ve Váránasí a Pán Krišna jen ve Vrindávanu. Nemyslíme si, že Bůh je omezen na pouhé čtyři stěny chrámu či určité místo. Je všudypřítomný a všemocný. Ze své vůle může na sebe vzít jakoukoli podobu. Svého milovaného Pána byste měli být schopni vidět ve všem. Skutečná oddanost je schopnost vnímat Boha nejen v kostele, ale ve všech živých bytostech a jako takovým jim pomáhat. Je-li vaším milovaným Bohem Pán Krišna, musíte být schopni jej vnímat všude – v každé svatyni, ať je zasvěcena Šivovi či Déví. Děti, nemyslete si, že se Šiva bude zlobit, když ho nebudete uctívat v jeho chrámu nebo že vám Boží matka nepožehná, nebudete-li ji chvalořečit ve svatyni, která je jí zasvěcena. Ten samý člověk je „manželem" pro svou ženu, „otcem" pro své děti a „bratrem" pro svou sestru. Možná vás napadne: „Odpoví nám *Kéšava*, když ho oslovíme *Mádhavo*?"[2] Ten, na koho zde voláte, není běžnou osobou, obracíte se zde na vševědoucího Boha. Člověk se nemění, když jej oslovujeme různými jmény. Stejně tak představují veškerá boží jména tu

---

[2] Kéšava a Mádhava jsou dvě z mnoha jmen Krišny

Chrám

samou Nejvyšší bytost. Pán zná vaši mysl. Ví, že ho voláte, bez ohledu na to, jakým jménem.

Když navštívíte chrám, pravděpodobně s úctou obejdete oltář a do pokladnice dáte svůj milodar. Na žebráka čekajícího přede dveřmi kostela se však zamračíte; kam se poděla vaše oddanost? Soucítění s lidmi bez prostředků je naše povinnost vůči Bohu. Amma netvrdí, že máte obdarovávat každého žebráka sedícího před kostelem, ale neopovrhujte jím. Modlete se za něj. Kdykoli ucítíte vůči někomu nepřátelství, vaše mysl se znečistí. Milovat všechny bez rozdílu – to je Bůh.

Chrámové slavnosti se konají, aby zvýšily duchovní a kulturní povědomí lidí. V dnešní době mívají akce spojené s chrámovými slavnostmi zcela jiný význam. Slavnosti, které pořádají kostely, by měli v lidech vyvolávat spirituální cítění. V kostele bychom měli cítit atmosférou plnou energie ze zpěvu Božích jmen. Jakmile se ocitneme na prostranství před chrámem, měli bychom přestat se zbytečnými debatami. Naše mysl by se měla zcela soustředit jen na Boha. Lidé žijící ve společnosti by se měli starat o obnovení jedinečné atmosféry chrámů. Lidé, kteří se zajímají o své duchovní dědictví, by měli úzce spolupracovat s představiteli chrámů, aby našli řešení dnešního neradostného stavu.

Mnoho kněží a dalších zaměstnanců chrámů pracuje za úplatu. Nikdy nesuďte celé náboženství na základě pochybení takových lidí. Naší povinností je vytvořit takové prostředí, aby nikdo neupadl v pokušení jednat nesprávně. Ti, kteří nesobecky pomáhají druhým a věnují

Chrám

svůj život dosažení jednoty s Bohem, představují pravé náboženské autority.

Jsou to lidské bytosti, které vdechly život chrámovým vyobrazením. Kdyby někdo neotesal kámen, nemohla by vzniknout socha; kdyby ji někdo jiný nepostavil do chrámu, nemohla by být posvěcena a kdyby ji lidé neuctívali, její síla by nevznikla. Bez lidského úsilí by neexistovaly žádné kostely a chrámy. Obraz či socha v chrámu, kterou požehnal osvícený mistr, který dosáhl jednotu s Nejvyšším a žije ve sjednocení s Bohem, má mimořádnou moc.

V dávných dobách neexistovaly chrámy. Existovaly pouze linie guruů a žáků. Chrámové uctívání je vyhrazeno běžným lidem. Slepé děti učíme Braillovu písmu. Někdo se může zeptat, proč je neučíme jako ostatní děti? Není to možné, protože ti, kteří nevidí, se musí učit způsobem, který je pro ně nejvhodnější. Stejně tak dnešní lidé potřebují uctívání v chrámu, aby se dokázali soustředit na Boha.

Pro znovuobnovení neposkvrněné atmosféry chrámů není nutná velkolepá architektura. Důležité je správně a tradičním způsobem provádět bohoslužby, *satsangy* (duchovní přednášky, učení, zpěv duchovních písní a další aktivity). Víra a oddanost věřících je to, co naplní prostředí kostela duchovní energií, ne rituály či ceremonie. Uvědomme si tuto skutečnost ještě dříve, než se začneme angažovat v kostelních aktivitách.

Duchovní mistr

Ašramy a *gurukuly* představují pilíře naší duchovní kultury. Provádíme-li duchovní praxi podle rad našeho *satgurua*, nemusíme již dále hledat. Vše, co potřebujeme, dostaneme od svého učitele.

Spirituálně pokročíme pouze tehdy, budeme-li na svého duchovního učitele pohlížet jako na manifestaci Boha. Neměli bychom přijmout nikoho za svého učitele, dokud se nepřesvědčíme, že je pravý a autentický. Když si vybereme někoho za svého duchovního učitele, měli bychom se mu zcela odevzdat. Jedině pak je možný duchovní pokrok. Oddanost k učiteli představuje úplné odevzdání.

S výjimkou několika mála jedinců, kteří se narodili s velmi intenzivní duchovní orientací, jež si přinesli z minulých životů, poznání Nejvyššího není možné bez milosti osvíceného mistra. Na mistra se dívejte jako na manifestaci Boha na zemi. Každé jeho slovo berte jako závazné a zcela jej poslouchejte. Toto jednání představuje skutečnou službu učiteli a nejvyšší druh odříkání. Následuje-li žák mistrovy rady,, mistrova milost k němu proudí zcela spontánně.

Pravý učitel není omezen na své tělo. Pokud skutečně milujete svého učitele, budete ho vidět nejen v jeho těle, ale všude na světě – v každé živé bytosti i neživém předmětu. Naučte se dívat na všechny jednotlivce jako na podobu žijícího mistra a podle toho se k nim i chovejte.

Duchovní mistr

Ašram je jako tělo Ammy. Cokoli děláte pro ašram, jako byste dělali pro samotnou Ammu. Ašram nepatří nikomu; je prostředkem, který dává klid a harmonii celému světu.

Ti, kteří od Ammy dostanou mantru, by měli vést disciplinovaný a slušný život. Měli by se vzdát špatných návyků, jako jsou drogy, cigarety a alkohol. Dokud nevstoupí do manželství, měli by žít v pohlavní čistotě; jakmile se vdají či ožení, měli by žít tak, jak Amma doporučuje.

Děti, svému duchovnímu učiteli byste měli říci vše; nemějte před ním žádné tajemství. Žák by měl ke svému učiteli cítit stejnou lásku a připoutanost jako dítě k vlastní matce. Pouze tak se bude duchovně vyvíjet.

Amma vnímá každého člověka jako vlastní dítě. V jejích očích se nikdo ničím závažným neproviní. Amma je však považována i za *gurua* a pro duchovní pokrok žáků je nutné, aby se chovali správně. Amma svým dětem odpustí všechna pochybení; ale v přírodě existují určité zákony, například zákon karmy, který stanoví, že za chyby následuje ponaučení. Osvojte si přesvědčení, že každá bolestná a nepříjemná zkušenost je přínosem pro váš duchovní pokrok.

Nezištná pomoc

Snižte své životní náklady. Prostředky, které tím našetříte, věnujte na charitu. Je dobré, přispíváte-li na charitativní projekty. Můžete například věnovat nějaké finance na vydávání duchovní literatury. Knihy lze poté prodat za nižší ceny, takže si je budou moci pořídit i méně majetní lidé. Tímto způsobem pomůžete šířit duchovní hodnoty mezi své bližní.

Alespoň hodinu denně věnujte nějaké činnosti pro druhé. Stejně jako potrava, kterou jíme, vyživuje naše tělo, tak nezištná práce pro ostatní, kultivuje naši mysl. Nemáte-li čas každý den, vyhraňte si alespoň několik hodin týdně a udělejte něco smysluplného pro ostatní.

Není dobré dávat žebrákům peníze, protože je mohou použít na drogy či alkohol. Namísto toho je podarujte jídlem či oblečením a nedávejte jim příležitost ke špatnému chování. Nedívejte se na ně jako na žebráky, ale jako na Pána. Děkujte Mu, že vám dal možnost, abyste mu tímto způsobem pomáhali.

Pokud byste chtěli dát žebrákům staré jídlo na špinavém talíři, tak jim raději nedávejte nic. Nikdy nedávejte nic s pohrdáním. Láskyplná slova a skutky představují nejcennější almužnu.

Je dobrým zvykem pořádat slavnosti v kostele či ašramu při významných životních událostech; například při pojmenování dítěte, prvním krmení pevnou stravou (*tradiční obřad v Indii, při kterém se dítě přinese do chrámu a je poprvé nakrmeno netekutým jídlem, první sousto mu zpravidla podá představený chrámu či jiný duchovní – pozn. překl.*), na začátku školní

Nezištná pomoc

docházky a při svatbě. Při těchto příležitostech by se měli obdarovat potravou a oblečením nemajetní lidé. Náklady na svatbu by se měli snížit na minimum. Prostředky, které se ušetří, lze použít na zaplacení svatebního obřadu chudých dívek či na výchovu dětí.

Náš život by měl získat částečně jednodušší nádech. Pokud si každoročně kupujete deset nových kusů oblečení, kupte si letos o jeden méně a příští rok o dva. Postupně tak zmenšíte svůj šatník na oblečení, které skutečně potřebujete. Peníze, které tak ušetří deset lidí, vystačí v Indii na výstavbu domu pro hendikepovaného či nemajetného člověka. Obdarovaný člověk se pak může obrátit ke spiritualitě. Ostatní, kteří uvidí vaši nezištnost a ušlechtilý způsob života, se začnou měnit také. Snižte náklady na luxusní věci, nejen u oblečení, ale u všeho a ušetřené prostředky věnujte na charitativní účely.

Dávejte si stranou část svého příjmu a použijte ji na pomoc druhým. Není-li možné věnovat peníze potřebným přímo, věnujte je ašramu či duchovnímu společenství, které se účastní charitativních projektů. Můžete například věnovat veřejným, školním či univerzitním knihovnám duchovní knihy. Vaše nezištnost a soucítění nejen že pomůže ostatním, ale prospěje i vaší mysli.

Člověk, který utrhne květinu, aby ji daroval Bohu, je prvním, kdo se raduje z její nádhery a vůně. Stejným způsobem oživí nezištná pomoc naši mysl. Každý náš nádech naplněný ušlechtilými myšlenkami pomůže ostatním a všemu živému i neživému.

Nezištná pomoc

Kdykoli pomáháte nezištně ostatním, pomáháte samotné Ammě.

Karmajóga

Cesta činnosti

Ať v životě zastáváte jakkoli vysoké postavení, vždy mějte na paměti, že jste pouhým služebníkem svých bližních. Uvědomte si, že Bůh vás postavil na šťastné místo, abyste měli možnost pomáhat potřebným. Ve vašem srdci se pak spontánně objeví pokora a skromnost. Pracujete-li s přístupem, že pomáháte Bohu, poté vaše činnost představuje duchovní praxi. Buďte milí a přátelští ke svým kolegům v zaměstnání, k podřízeným i nadřízeným. Způsob, jak jednáte s druhými, ovlivní to, jak svět bude jednat s vámi.

Když vás kritizuje nadřízený, berte to jako příležitost, kterou vám dává Bůh, aby eliminoval vaše ego a zažeňte veškeré nepřátelské pocity, které ve vás mohou vzniknout. Stejně tak, když musíte jednat přísně s podřízenými. Neměla by ve vás vzniknout jediná myšlenka hněvu či rozmrzelosti. V očích skutečného duchovního aspiranta jsou nadřízení, podřízení i kolegové pouhými rozdílnými podobami Boha.

Nikdy si nemyslete, že pracujete pouze pro svého šéfa či společnost. Svou povinnost konejte s přístupem, že sloužíte Pánu. Vaše činnost nebude pak omezena na práci, za kterou po určité době dostanete zaplaceno; budete pracovat pozorně a poctivě. První vlastnost, kterou by si měl osvojit každý duchovní aspirant, je dokonalá šradha[3] (úplné odevzdání a plná pozornost při provádění určité práce).

---

[3] Termín šradha znamená v sánskrtu víru, která pramení z moudrosti a zkušenosti, zatímco stejný výraz se v malajamštině používá na označení bdělé pozornosti při jakékoli činnosti. Amma často používá termín s druhým významem.

Vždy bychom měli být ochotni pracovat více, než nám stanovuje pracovní řád. Pouze tato přídavná práce, dělaná bez očekávání nějaké odměny, představuje nezištnou pomoc.

Na své pracovní místo si dejte obrázek svého milovaného Pána či duchovního mistra – pomůže vám soustředit se Boha. Není důvod se za to stydět. Váš dobrý příklad bude sloužit jako model pro ostatní.

Myšlenky typu „Jsem důležitý člověk. Jak může někdo, jako jsem já, který zastávám ve společnosti tak vážené postavení, jít do chrámu a uctívat Boha mezi strkajícím se davem lidí? Není to nedůstojné?" pramení z ega. Certifikát od společnosti, který konstatuje naši velikost, pro nás ve skutečnosti neznamená nic. Co opravdu potřebujeme, je certifikát z rukou Boha.

Díky stálému úsilí budeme schopni mentálně opakovat mantru při jakékoli činnosti. Pouze skutky, při kterých pamatujeme na Boha či ty, které mu věnujeme, mohou být považovány za *karmajógu*. Činnost, kterou provádíme s postojem, že se jedná de facto o činnost Boha, nezpůsobí žádnou připoutanost. Bez ohledu na to, kde se nalézáme, pořád opakujme Boží jméno a vzdávejme úctu Bohu či duchovnímu učiteli.

Satsang

Společnost moudrých

Pokud namísto zbytečných diskuzí či sledování filmů zajdete do kostela či ašramu na satsang a duchovní hudbu, prospějete tak nejen sobě, ale i svému okolí. Můžete také zůstat o samotě a meditovat či zpívat. Když se koná satsang, neváhejte a pozvěte i své přátele a spolupracovníky.

Zvykněte si jednou týdně setkávat se s ostatními, provádět arčanu, zpívat *bhadžany* (duchovní písně) a meditovat, buď na určitém místě, nebo se vzájemně navštěvujte. Budete-li podávat ovoce či sladkosti jako *prasad* (požehnané pokrmy), budou vaše setkání zajímavá i pro děti. Duchovní rozměr, který získají v dětství, s nimi zůstane po celý život. Ti, kteří se účastní

Satsang

satsangu, spolu mohou i pojíst. Zesílí tak vzájemnou jednotu svého duchovního bratrství. Duchovní cvičení a arčana minimalizují újmu, která může vzniknout díky špatnému postavení hvězd a zároveň očistí atmosféru. Když budete chodit na satsangy, naplníte svou mysl myšlenkami na Boha.

Domov

Usilujte, abyste vnímali Boha v každém okamžiku svého života. Pokud nemáte možnost zařídit si malou místnost jako domácí modlitebnu, vyhraňte si malou část pokoje, kde budete opakovat mantru, meditovat a studovat duchovní literaturu. Vyhrazené místo byste měli používat jen k duchovním cvičením. Místo pro setkávání s Bohem byste neměli mít pod schody. Vždy bychom měli žít jako Jeho služebníci; Pán by se nikdy neměl ocitnout v opačné roli.

Po západu slunce, zažehněte lampu s přepuštěným máslem či rostlinným olejem. Všichni členové domácnosti by se měli shromáždit kolem lampy k meditaci a zpívání duchovních písní. Nikoho nenuťte ani nebuďte smutní, když se někteří nechtějí účastnit. V dávných dobách

Domov

bývalo v Indii zvykem, že se po západu slunce sešla celá rodina ke společné modlitbě. Dnes se tento obyčej nedodržuje a musíme proto čelit patřičným následkům. Za stmívání, je atmosféra znečištěná. Meditací a zpěvem bhadžanů se naše mysl dokáže jednobodově soustředit, což očišťuje okolní prostředí i mysl samotnou. Když se namísto toho budeme věnovat zábavě, různým hrám či zbytečným hovorům, bude vliv světské atmosféry na naši mysl mnohem intenzivnější.

Vždy bychom se měli snažit kultivovat princip jednoty namísto rozdílnosti. Do meditační místnosti pověsme jen obrazy našeho milovaného Pána či duchovního mistra. Každý den zde uklízejme a utírejme prach.

Někteří lidé věší o náboženských svátcích např. Krišnových narozeninách a Šivaratri různé obrazy bohyň a bohů. Není na tom nic špatného. Mléko známe pod různými jmény, v každé jazykové kultuře pod jiným. Nezávisle na svém jménu se jeho barva a chuť nemění – zůstává stejná. Přestože má Bůh mnoho jmen, existuje jen Jeden.

Dobrým zvykem je, pověsíte-li si obraz svého milovaného Pána či duchovního mistra do každé místnosti. Když je budete denně oprašovat, znásobíte svoji *šradhu* (koncentraci) a oddanost.

Ve starých dobách se v Indii na všech významných místech vysazovala svatá bazalka (*tulsi*). Běžným zvykem rovněž bylo, že se pěstovaly květiny na každodenní modlitební obřady. Dnes jsou tyto rostliny nahrazeny dekorativními květinami a kaktusy. Můžeme zde vidět posun v myslích dnešních lidí. Svatá bazalka a strom Bilva (*Aegle marmelos*) jsou považovány za posvátné a věří se, že budeme-li se o ně starat a uctívat je, přinesou do našeho domova štěstí. Každý den bychom je měli zalévat a kdykoli odcházíme či přicházíme domů, měli bychom rostliny pozdravit. Dříve bylo zvykem, že když se lidé ráno probudili, tak než se nohama dotkli podlahy, s úctou se poklonili se Matce zemi. Klaněli se vycházejícímu slunci jako zosobněnému Bohu a dárci života. Vnímali Boží přítomnost ve všem. Díky tomuto postoji byli klidní, šťastní a těšili se dobrému zdraví.

Svatá bazalka (tulsi) a mnoho vonných květin, které se používají k obřadům, mají léčivé vlastnosti. Vysadíme-li je blízko domu, pomohou očistit okolní prostředí. Máte-li dostatek místa, pořiďte si malou květinovou zahrádku. Když budete pracovat v zahradě, neustále si opakujte mantru. Skutečnost, že pěstujete květiny pro náboženské obřady, vám pomůže soustředit svou mysl na Boha.

Každý dům by měl vyhradit část svého pozemku k výsadbě rostlin a stromů. Očistí se tak atmosféra a přispějete k harmonii přírody. V dávných dobách se u každého domu nacházel malý hájek s rybníčkem, což prospívalo všem v okolí.

Krása domu nespočívá na vnějším pozlátku, ale na jeho čistotě. Každý den udržujte vaše bydlení a jeho bezprostřední okolí čisté. Nemyslete si, že tato práce přísluší pouze ženám či konkrétnímu jedinci. Na čistotě domácnosti by se měli podílet všichni její členové. Tradiční zvyky, jako nevstupovat do domu obutí a položit přede dveře nádobu s vodou na umytí nohou, napomáhají zvýšit duchovní úctu k místu, kde žijeme.

Domov

Zaměstnáváte-li někoho, kdo se stará o vaši domácnost, zacházejte s ním s úctou. Neponižujte ho a nedávejte mu k jídlu zbytky. Ke služebným bychom se měli chovat jako k vlastním sourozencům.

Svou kuchyni vnímejte jako obřadní místo. Udržujte v ní pořádek a čistotu. Ráno, než začnete vařit, se vždy umyjte. Při vaření opakujte mantru. Představujte si, že nabízíte pokrm Bohu, který ho dostane ještě před servírováním na stůl. Než v noci ulehnete, umyjte veškeré nádobí a zameťte zem. Veškeré potraviny by měly zůstat přikryté.

Dobrým zvykem je, když na začátku každého jídla dají rodiče svým dětem do úst jedno sousto. V rodině se tím zvýší vzájemná sounáležitost a láska. V dřívějších dobách dojídaly ženy v Indii zbytky z talíře svých manželů, které považovaly za *prasad* (pokrm požehnaný Bohem). Tehdy se žena dívala na svého muže jako na viditelnou podobu Pána. Dnes takový vztah téměř neexistuje. Všichni muži by chtěli mít ženu, jako byla Síta, neposkvrněná a dokonalá manželka Rámy, ale nikdo si sám nenastaví zrcadlo, zdali opravdu žije jako Ráma, který byl zosobněním všech ušlechtilých vlastností.

Pokud máte domácí zvířata, nikdy byste neměli jíst, aniž byste je nejdříve nenakrmili. Vnímejte Boha ve všech živých bytostech a s tímto přístupem se o svá zvířata starejte.

Všichni členové rodiny by se měli podílet na práci v domácnosti. Přispějete tak ke vzájemné láskyplné atmosféře. Muži by se neměli stranit práce v kuchyni a prohlašovat, že je to jen ženská záležitost. Jednoduché práce bychom měli dávat i malým dětem.

Jednoduchý způsob života

Buďte nezištní a omezte svůj osobní komfort, jak nejvíce to jde. Žijte jednoduchým způsobem a svůj osobní majetek snižte na minimum. Duchovní aspirant by neměl vyhledávat životní radovánky.

S nevelkým úsilím lze ušetřit značnou část prostředků, kterou byste jinak použili na stavbu či nákup velkého domu. Lidé většinou věnují na tento účel veškeré své finance a končí zadlužení. Je lepší žít ve skromné domácnosti bez zbytečného luxusu. Toužíte-li po koupi velkého rodinného domu či jen bytu pro čtyři až pět lidí, uvědomte si, že existuje bezpočet nemajetných rodin bez domova, které tráví noci v chladu a dešti.

Jednoduchý způsob života

Je dobré vyvarovat se jasných vzorů a křiklavých barev na oblečení, abychom nebudili přílišnou pozornost. Věnují-li nám ostatní pozornost, tak se naše vlastní pozornost rozptyluje. Oblékejme se jednoduše a kultivujme prostý způsob života. Ženy by se měly zbavit touhy po špercích. Pravými klenoty v životě jsou naše ušlechtilá slova a skutky.

Nevyhazujte staré oblečení, vyperte ho a darujte těm, kteří nemají na koupi nového.

Vždy jednejte, aniž byste očekávali ovoce svých činů. Očekávání je příčinou veškerého utrpení. Svůj život věnujte Bohu a věřte, že vás ochrání. Žijete-li rodinným životem a děláte-li vše se správným postojem, naučíte se úplnému odevzdání Bohu. Musíme poznat, že naše žena či manžel a děti nepatří nám, ani my jim. Žijte s naprostou jistotou, že vše náleží jen a jen Bohu. On vás poté zbaví veškerého utrpení. Vezme vás za ruku a povede až k cíli.

Strava

Za každým kouskem jídla, které sníme, stojí součinnost mnoha faktorů – nikdy nejde jen o vlastní práci. V podobě potravin se k nám dostává práce našich bližních a spojení přírody s Boží milostí. I kdybychom vlastnili miliony dolarů, stále budeme potřebovat jídlo, abychom se nasytili. Dolarů se nenajíme. Neměli bychom tedy nikdy jíst, aniž bychom nejprve s láskou a pokorou nepoděkovali za projevenou milost.

Při jídle bychom nikdy neměli stát či chodit, ale vždy si sednout.

Při jídle se nesoustřeďte na chuť potravy. Představte si svého milovaného Pána či duchovního mistra, že je přítomen ve vás a vy jej krmíte.

Když krmíte své dítě, představujte si, že dáváte potravu svému milovanému Bohu. Tímto přístupem se jídlo promění v obřad uctívání. Při jídle nemluvte. Rodina by měla jíst co nejčastěji spolu. Do pravé dlaně vezměte trochu vody a opakujte *bhojana* mantru[4] či vlastní mantru. Po směru hodinových ručiček třikrát otočte ruku nad pokrmem a vodu vypijte. Zavřete oči a chvíli se modlete: "Pane, kéž mi tohle jídlo dá sílu konat Tvou práci a dojít sjednocení s Tebou."

---

[4] *Om Brahmarpanam Brahma havir*
Brahmagnau Brahmana hutam
Brahmaiva tena gantavyam
Brahma karma samadhinah
Om shanti shanti shanti
Brahman je obětované. Brahman je obětování. Díky Brahman se obětované noří do ohně Brahman. Kdo vidí ve všech činech Brahman, ten se s Brahman sjednotí.

Strava

Při jídle vždy v mysli opakujte mantru. Očistíte tak svou mysl a zároveň i pokrm.

Mentální rozpoložení osoby, která připravuje potravu, se předává těm, kteří jídlo konzumují. Proto by matka měla co nejčastěji vařit pro celou rodinu. Bude-li při vaření opakovat mantru, bude jídlo prospěšné všem i po duchovní stránce.

Své jídlo pokládejte za podobu bohyně *Lakšmí* (Bohyně blahobytu) a přijímejte ho s úctou a láskou. Jídlo představuje *Brahman*. Při jídle nikdy nemluvte o chybách a neúspěchu druhých. Jezte ho jako prasad (pokrm požehnaný od Boha).

Nemůžete ovládnout svou mysl, aniž byste neovládli svou touhu po chuti. Vařit byste měli tak, aby jídlo bylo spíše zdravé než chutné.

Pokud se nedokážete vzdát chuti ve svých ústech, nebudete schopni ochutnat nejvyšší stupeň blaženosti svého srdce.

Ti z vás, kteří se věnují duchovním cvičením, by si měli dávat pozor a jíst pouze *sattvické* (jednoduché, čerstvé, vegetariánské) jídlo. Měli byste omezit výrazně slaná, sladká, kořeněná či kyselá jídla. Jemná složka potravy ovlivňuje vlastnosti naší mysli. Sattvické jídlo vytváří čistou mysl.

Snídat byste neměli mnoho. Optimální je, pokud nesnídáte vůbec. Požadované množství jídla snězte v době oběda a večer si dejte jen něco malého.

Strava

Svůj žaludek nenaplňte úplně, ale nechte čtvrtinu prázdnou. Vaše tělo bude potravu lépe trávit. Jíte-li tak, že můžete sotva dýchat, zatěžujete své srdce.

Přejídání škodí nejen duchovní praxi, ale i vašemu zdraví. Vzdejte se zlozvyku dát si něco na chuť, kdykoli vás to napadne. Jídlo v pravidelnou dobu vám zlepší zdraví a usnadní ovládání mysli. Jezte, abyste žili; nežijte, abyste jedli.

Je dobré, když se o víkendu alespoň jeden den postíte. Zkuste jíst jen jedno jídlo denně a doma či v ašramu meditovat či opakovat mantru. Postupný přechod od jednoho jídla denně k jednomu postnímu dni v týdnu prospěje vaší duchovní praxi i zdraví. Nedokážete-li se postit úplně, jezte celý den jen ovoce. Je dobré držet půst i ve dnech kolem úplňku a novoluní.

Nejezte při soumraku. Tento čas není dobrý k přijímání potravy. Ve starých eposech se píše, že při soumraku usmrtil Višnu démona Hiranyakašipu. Atmosféra je energeticky více znečištěna než jindy; měli byste tedy opakovat Boží jméno a naplnit mysl duchovní potravou.

Bývá prospěšné, když si dvakrát za měsíc vezmete projímadlo a zcela vyčistíte střeva, tento postup prospěje zejména duchovním aspirantům. Usazené odpadní látky v těle zhoršují koncentraci a přispívají k negativním myšlenkám.

Strava

Amma nikoho nežádá, aby ihned přestal jíst maso a ryby. Pro duchovní praxi je však prospěšné, když si pomalu navyknete na čistě vegetariánskou stravu. Zbavit se rychle návyku na konzumaci masa bývá zpravidla obtížné. Pozorujte svou mysl a po krůčkách ji ovládněte.

Každý ví, že alkohol a kouření ničí zdraví. I přesto je pro množství lidí velmi těžké s těmito zlozvyky skoncovat. Copak je možné, aby člověk, který se nedokáže zřeknout svého návyku na cigarety, mohl aspirovat na dosažení Nejvyššího Poznání? Nedokážete-li přestat kouřit najednou, žvýkejte náhražku ve formě kardamomu či lékořice nebo se při každém nutkání zakouřit si napijte vody. Bude-li přítomná opravdová snaha, dokážete se zbavit kouření či jiných zlozvyků za krátkou dobu.

Čaj a káva vám dodají dočasné povzbuzení, ale jejich pravidelné pití neprospívá zdraví. Omezte je.

Děti, pijete-li alkohol, pevně se rozhodněte, že přestanete. Alkohol ničí zdraví; oslabuje mysl, zatěžuje vás finančně a bere klid vaší rodině. Nepijte alkohol, abyste vyšli vstříc svým přátelům.

Neberte žádné drogy. Pomáhejte nezištně svým bližním a neničte své zdraví kouřením a pitím. Prostředky, které tak ušetříte, se mohou použít k mnoha smysluplným věcem. Za peníze, které utratíte za cigarety, můžete koupit umělou nohu nemajetnému člověku, který je chromý; můžete zaplatit oční operaci pro nemocného očním zákalem nebo koupit vozík pro ochrnutého člověka. Můžete třeba koupit i duchovní knihy pro místní knihovnu.

Strava

Kdykoli se dovolí, aby se zkazilo či vyhodilo zbylé jídlo, škodí se společnosti. Zamyslete se, kolik lidí trpí, protože si nemůže dovolit ani jedno jídlo denně. Můžeme si spokojeně vychutnávat bohatou hostinu, když náš soused hladoví? Chudým lidem bychom měli pomáhat, jak nejvíce dokážeme.

Darovat jídlo hladovějícím nepředstavuje nic jiného než uctívání Boha.

Manželský život

Žena a muž by se měli milovat, navzájem si pomáhat a vidět jeden v druhém Boha. Stane se z nich dokonalý pár, který bude vzorem svým dětem a ostatním.

Manželka a manžel by měli spolu provádět duchovní praxi, meditovat, opakovat mantru a číst duchovní texty. Měli by nezištně pomáhat všem bližním a svůj domov proměnit v ašram. Budou-li spolu úspěšně provádět duchovní praxi, nepochybně dosáhnou osvobození.

Manžel a manželka by si vzájemně neměli bránit v duchovní cestě. Nikdy nepřestaňte se svým duchovním cvičením, i kdyby to váš partner vyžadoval. Nebylo by však správné, kdybyste se ve jménu duchovní praxe obrátili zády ke svým povinnostem. Amma zná mnoho lidí, kteří si tak počínají a není to nikdy

Manželský život

správné. Máte-li nějaký úkol, měli byste ho provádět a myslet při tom na Boha. Budete-li meditovat v době, kdy byste měli pracovat, nebude vám to k ničemu. Svému partnerovi nepůsobte bolest, i když je proti vaší duchovní praxi. V takové situaci konejte své rodinné povinnosti a modlete se k Bohu, aby změnil srdce toho, koho milujete.

Manželé by měli alespoň dva až tři dny v týdnu abstinovat od intimního styku. Postupně se pokuste sexuálně abstinovat po většinu času. Není dobré se intimně stýkat ve dnech kolem úplňku a novoluní, a když má žena menstruaci. Po jednom či dvou dětech kultivujte sílu své vůle a pokuste se žít jako bratr a sestra. Chcete-li mít ze své duchovní praxe maximální užitek a spirituálně se vyvíjet, měli byste ovládnout své touhy.

Pokaždé když máte intimní styk, položte si otázku: „Odkudpak toto potěšení pochází? Neztrácím tím jen energii?" Potěšení, které získáte jinými prostředky než ovládnutím mysli, oslabuje tělo. Vztah mezi mužem a ženou by měl mít kvalitu čisté lásky bez sebemenší touhy. Kultivujte svou ušlechtilost a svou mysl koncentrujte výhradně na Nejvyšší bytost.

Je dobré mít pouze jedno dítě, maximálně dvě. Méně dětí znamená více starostlivé péče pro každého z nich. Matky by měly své děti kojit. Při kojení opakujte v mysli mantru a modlete se: „Pane, vychovej toto dítě tak, aby pomáhalo svým bližním. Toto dítě je Tvoje. Daruj mu vznešené vlastnosti." Dítě pak bude inteligentní a úspěšné.

Ženatý muž by neměl mít vztahy s jinými ženami a vdaná žena by se neměla intimně stýkat s jinými muži.

Manželský život

Když se v rodině objeví názorová různost, pokuste se to probrat a vyřešit ještě ten samý den; neodkládejte to. Vracet lásku za lásku dokáže každý, není to nic zvláštního. Naučte se vracet lásku i za nenávist. Pouze toto umění je měřítkem naší velikosti. Jen dokážeme-li druhým odpustit a zapomenout na jejich chyby a nedostatky, bude v naší rodině klid. Pro správnou kultivaci charakteru dítěte je důležité, aby rodiče žili příkladným životem. Nedávají-li rodiče svým dětem dobrý příklad, jak je pak mohou správně vychovat?

Děti počaté při soumraku mají zvýšené riziko mentálního poškození. Během této doby kulminují v atmosféře světské myšlenky; v podvečer je proto důležité provádět duchovní praxi, arčanu, *mantru* či meditovat.

Od třetího až čtvrtého měsíce těhotenství by se manželé měli zdržet intimního styku. Omezte veškeré diskuze, filmy či časopisy, které vyvolávají světské touhy a vášně. Každý den čtěte duchovní knihy, meditujte a opakujte mantru. Myšlenkové vlny a emoce těhotné ženy mají hluboký vliv na charakter dítěte v jejím lůně.

Výchova dětí

Do pátého roku by děti měly dostávat velké množství lásky. Od pěti do patnácti by měli mít přísnou disciplínu, zejména co se týče školy. V tomto období se vytváří základ pro budoucí život. Láska bez disciplíny škodí. Po dosažení patnácti let by měly dostávat maximální množství lásky, jinak by se mohly dát na scestí.

Mnoho dospívajících se Ammě svěřilo, že se dostali do problémů, protože doma necítili žádnou lásku. Dospívající touží po lásce a rodiče je namísto toho často kárají a přísně trestají, aby u nich zvýšili disciplínu. Nedovolí, aby se k nim jejich dospívající děti přiblížily, a odmítají jim svou lásku a podporu.

Přílišná láska a benevolence v období, kdy se mají děti učit disciplíně, je rozmazlí. Děti zleniví a nebudou se učit. Ve starším věku je však již přísně nenapomínejte. Pokud udělají chyby, poukažte na ně a řešte je za pomoci rozumu a logiky.

Rodiče by měli seznámit své děti se spiritualitou co nejdříve. I když děti v dospělosti možná získají nedobré návyky, zdravý vklad, který obdržely v dětství, bude stále žít v jejich podvědomí a v určitou chvíli je přivede zpět na správnou cestu.

Před svým dítětem nikdy nemluvte o nikom špatně a s pokrdáním, protože dítě vás bude napodobovat. Dnes možná získáte velké bohatství, které zítra ztratíte; ale dobrý charakter s vámi zůstane navždy. Bohatí lidé by si měli dát pozor, aby z jejich dětí vyrostli pokorní a samostatní lidé.

Výchova dětí

Děti by se měly naučit úctyhodnému chování ke svým učitelům a všem duchovním mistrům. Učení, zejména duchovního charakteru, bude mít smysl, pouze zasázíme-li jej do pokorné půdy. Někdo si myslí, že děti, které chodí do školy, nemusí už nic dělat, to ale není to pravda. Školní výchova nedokáže pokrýt celkovou přípravu na život. Děti by měly pomáhat rodičům při všech pracích v domácnosti.

Dříve děti vyjadřovaly úctu a lásku ke svým rodičům a prarodičům[5]. Tento zvyk v dnešní době skoro vymizel. Rodiče by měli dávat dětem příklad a chovat se ke svým rodičům

---

[5] V Indii je zvykem dotknout se na znamení úcty oběma rukama nohou svých rodičů, starších, mnichů či gurua. V dřívějších dobách se tento obyčej praktikoval v každé domácnosti každým dítětem ihned poté, co ráno vstalo nebo odcházelo z domu.

hezky a důstojně. Od dítěte nelze očekávat úctu k rodičům, když vidí, že jeho rodiče zanedbávají své rodiče a jednají s nimi neuctivě. Rodiče by měli vždy dávat svým dětem příklad.

Kdykoli jdete ven z domu, uctivě se rozlučte se svými rodiči. Děti by si měly zvyknout oznámit ráno rodičům, že odchází do školy. Skromnost a pokora jsou vlastnosti, které nám přinesou Boží požehnání.

Mentální zralost dítěte závisí na výchově, které mu poskytnou dospělí v jeho blízkosti. Rodiče a všichni dospělí v domácnosti, by měli věnovat jeho vzdělání velkou pozornost. Vzdělaní dospělí by měli dětem pomáhat se školou co nejvíce. Nenechávejte vše na učitelích. Má-li vaše dítě v sousedství kamarády, pozvěte i je a

Výchova dětí

učte se s nimi. Dobří sousedé by si měli takto pomáhat. Nikdy nemějte radost z neúspěchu jiného dítěte a nikdy si nepřejte, aby uspělo jen to vaše dítě.

Děti by měly respektovat dospělé. Když dospělí vejdou do místnosti, měly by vstát a sednout si, až se posadí oni. Měly by jim slušně odpovídat a poslouchat jejich rady. Neměly by si dělat z dospělých legraci, zvyšovat hlas a hádat se. Tato pravidla hrají významnou roli pro dobro celé rodiny. Stejně tak, když malé dítě prosí o dovolení, aby mohlo jít ven, mělo by ho dostat i s láskyplným políbením. Dítě by mělo mít pocit, že je milováno. Naše láska k dítěti by se neměla podobat medu, ukrytému hluboko ve skále.

Rodiče, kteří svým dětem před spaním zpívají ukolébavky a vyprávi pohádky, by měli používat spirituální písně a příběhy. Pomohou tak dětem soustředit se na Boha a tato duchovní výchova se pevně vetkne do jejich podvědomí. Proto pečlivě vybírejte knihy, které jim budete číst.

Děti vychovávejte tak, aby porozuměly svému kulturnímu prostředí, kterého by si měly vážit. Měly by dostat jména, která jsou obvyklá v jejich kultuře a připomínají nám Boha či duchovní mistry. Naplňte dětskou představivost podobou Boha již v raném věku - vyprávějte jim příběhy o svatých lidech a Božích inkarnacích. Tento postup pomáhal lidem osvojit si semínka spirituality již v útlém věku. Dříve i lidé, kteří osobně nikdy nestudovali Písma, žili na základě spirituálních principů, protože se scházeli s těmi, kteří písma znali a vykládali.

Vánaprašta

Život v ústraní

Jakmile děti dospějí a jsou schopny se o sebe postarat, měli by se jejich rodiče odebrat do ašramu, vést duchovní život a zajímat se o meditaci, opakování mantry a nezištnou pomoc bližním. Abychom tuto životní etapu dokázali žít výše uvedeným způsobem, je nutné vytvořit si silné pouto jen a jen k Bohu a to od samého počátku naší duchovní cesty. Bez naší duchovní připoutanosti se naše mysl bude držet svých pout – nejprve našich dětí, poté vnoučat atd. Tato připoutanost neprospívá ani našim dětem; pokud ji připustíme, promarníme svůj život. Naopak, nastoupíme-li v životě na duchovní stezku, tak síla, kterou získáme z naší praxe, pomůže nám i celému světu. Kultivujme tedy schopnost odpoutat svou mysl od bezpočtu světských záležitostí a obraťme ji dovnitř k Bohu. Když budeme lít stejný olej vždy do jiné nádoby, při každém přelévání jej vždy trochu v předchozí nádobě zůstane. Stejně tak, budeme-li připoutáni k mnoha věcem, ztratíme i to malé množství duchovní síly, co máme. Když budeme schraňovat vodu v zásobní nádrži, poteče do všech kohoutků rovnoměrně. Budeme-li tedy neustále myslet na Boha i při práci, tak odměna, kterou tím získáme, prospěje celé rodině. Nejvyšším smyslem života by se nemělo stát hmotné zabezpečení nás a našich dětí. Smysl života bychom měli najít ve svém duchovním rozvoji.

Různé

Přijdete-li o milion dolarů, je možné je získat zpět. Když však ztratíte jen jedinou vteřinu, nezískáte ji zpět nikdy. Každý okamžik, kdy nemyslíte na Boha, je nenávratně ztracený.

Duše je Bůh. Pravé odříkání znamená vykonávat svoji práci za nepřetržitého pamatování na Něj.

Meditace a opakování mantry nejsou jedinými druhy duchovního cvičení. Duchovní praxí je i nezištná pomoc druhým, která představuje nejsnazší způsob, jak se otevřít Boží milosti. Když koupíte své přítelkyni květiny, vy první se radujete z jejich vůně a nádhery. Pomáháme-li druhým, naše srdce se otevřou a my sami máme radost.

Cvičení *pránájámy* (kontroly dechu) bez života v pohlavní zdrženlivosti může způsobit komplikace. *Pránájáma* by se měla cvičit pouze pod vedením duchovního učitele.

Nevnímejte chyby a selhání druhých a nemluvte o nich. Vždy se snažte vidět ve všech jen to nejlepší. Když si poraníte ruku, také ji neobviňujete – ošetříte ji a pečlivě se o ni postaráte. Se stejným úsilím bychom měli pomáhat druhým, aniž bychom je vinili za jejich chyby.

Stoupnete-li na trn a vrazíte si jej nohy, nepomůže vám, i kdybyste naříkali celou noc. Musíte trn vytáhnout a ránu ošetřit. Stejně tak nemá smysl naříkat pro iluzorní světské věci, které vám působí utrpení. Budete-li namísto

Různé

toho plakat pro Pána, očistíte svou mysl a získáte sílu čelit všem problémům. Milé děti, věnujte tedy vše Bohu a buďte silní. Nebojte se!

Naříkat pro Boha není slabost. Naše slzy pro Boha smyjí nečistoty, tj. špatné tendence, které jsme získali za mnoho životů. Stejně jako svíčka, která, když se roztéká, září stále jasněji, slzy pro Pána posílí a zrychlí váš duchovní vývoj. Naopak, naříkáte-li pro světské věci a svou rodinu, sílu ztrácíte a slábnete.

Ať provádíte jakoukoli činnost, mějte na paměti, že ji můžete vykonávat pouze z milosti Boží. Silniční značky bývají obvykle natřeny reflexními barvami. Dopadne-li na ně světlo, odrazí ho a září. Stejně tak jsme schopni činnosti pouze díky Božské síle. Všichni jsme pouhými nástroji v rukou Pána.

Abyste v hrsti písku spočítali všechna jeho zrnka či přešli řeku po provazovém laně, potřebujte značnou míru koncentrace a bdělosti. Stejnou míru koncentrace a bdělosti byste měli mít při všem, co děláte.

Áhimsa (nenásilí) by se mělo stát naším životním přesvědčením. Vyznávat tento ideál znamená nezranit žádnou bytost ani nejnepatrnější myšlenkou, slovem či skutkem.

Pouze otevřeme-li svá srdce, nalezneme v tomto světě plném bolesti blaženou říši Boha. Bez odpouštění a pokory se nám nedostane milosti gurua ani Pána. Odpustit druhým, zejména v situacích, kdy ztrácíte nervy, chce odvahu. Stisknete-li knoflík deštníku, deštník se rozevře a ochrání vás před sluncem a deštěm.

Když knoflík vypoví službu, nestane se nic. Dostane-li se semínko pod zem, vyklíčí a bude z něj strom, ke kterému můžete přivázat i slona. Když se však semínko odmítne odevzdat, odmítne opustit koš s obilím a jít pod zem, může skončit jako potrava pro myši.

Děti, pokud máte Ammu skutečně rádi, budete ji vidět všude a ve všem a budete vše milovat tak, jako milujete ji.

Poznání Nejvyššího a Poznání sebe sama znamená totéž. Sjednotit se s Bohem znamená zcela otevřít své srdce a stejnou měrou milovat vše živé i neživé.

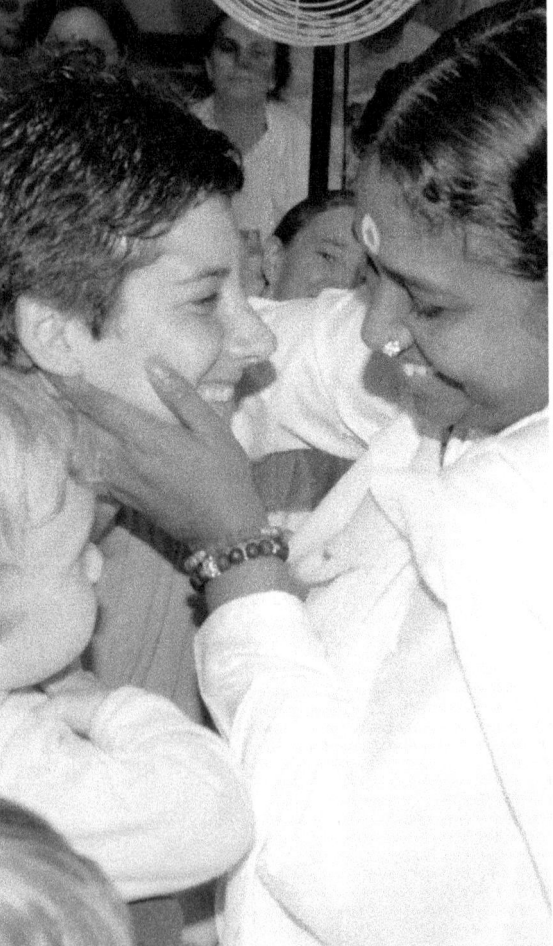

Slovníček

Áhimsa: „Nenásilí." Myšlenkou, slovem či skutkem nezpůsobit bolest žádné živé bytosti.

Arčana: Způsob uctívání, při kterém se opakují Boží jména, obvykle 108, 300 či 1000 jmen při jednom sezení.

Ašram: „Místo usilování, klášter." Místo, které navštěvují či obývají duchovní aspiranti a věřící, aby zde vedli spirituální život a věnovali se duchovním cvičením. Obvykle se jedná o sídlo duchovního mistra, světce či askety, který vede věřící.

Bhagavad-gíta: „Boží píseň." Bhagavad – Boží; Gíta – zpěv; obvykle naučného charakteru. Učení, které Pán Krišna předal Ardžunovi na Kuruovském válečném poli na počátku Mahábhárátské války. Učení představuje praktický návod pro každodenní život a obsahuje podstatu védské moudrosti.

Bhadžan: chvalozpěv, píseň duchovního charakteru.

Brahmačári: duchovní student, obvykle žijící v ašramu v přítomnosti učitele a provádějící sádhanu, který dodržující pravidla celibátu

Brahman: Absolutní skutečnost; celek; Nejvyšší Bytost, která zahrnuje a prostupuje vše. Je jediná a nedělitelná.

Dharma: „Skutečnost, která udržuje vesmír." *Dharma* má mnoho významů. Boží Zákon, zákon existence spolu s Boží harmonií, spravedlností, náboženstvím, povinností, odpovědností, ctností, právem, dobrem a pravdou. *Dharma* slouží k popisu vnitřních principů náboženství. Nejvyšší *dharmou* lidské bytosti je poznání vlastní Boží Podstaty, která je vrozená.

Guru: „Ten, který odstraňuje temnotu nevědomosti". Duchovní mistr, učitel a rádce.

Gurukula: Ašram s žijícím guruem, kde žáci za učitelovy přítomnosti žijí a studují.

Slovníček

Džapa: viz mantra džapa.

Kálíjuga: Současný temný věk materializmu a nevědomosti o smyslu života..

Karma: Činnost, skutek; také ovoce vykonaných činů.

Kirtan: Chvalozpěv, óda.

Lalita Sahasranama: Tisíc jmen Boží matky v podobě bohyně *Lalitambika*. Sahasranama byla složena před tisíci lety, za její autory považujeme starověké indické mudrce (*Rišijové*).

Lalitambika: Jedno ze jmen Boží matky.

Mahábhárata: Epos o boji dvou příbuzných královských rodin, Pánduovců a Kuruovců a velké bitvě, která se strhla na Kuruovském poli. Mahábhárata představuje nejdelší epos na světě, který byl sepsán přibližně před pěti tisíci lety mudrcem Vjásou. Epos bývá obvykle vykládán jako boj mezi dobrem a zlem

Mahátma: „Velká duše, osvícená bytost.

Mála: Modlitební korále, obvykle vyrobené ze semen stromu rudrakša, či korálků bazalkového (tulsi) či santalového dřeva.

Mantra: Posvátná formulace či modlitba, která se neustále opakuje. Slouží k probuzení vlastního duchovního potenciálu a pomáhá dosáhnout Nejvyššího poznání. Nejúčinnější mantra je ta, kterou předal při obřadu iniciace opravdový či realizovaný duchovní mistr.

Maunam: Mlčení, zachovávání ticha.

Ódžas: Sexuální energie přeměněná pomocí duchovních cvičení v jemnou vitální sílu.

Prasád(am): Většinou posvěcené potraviny, rozdávané po skončení obřadu. Také cokoli, co dává duchovní mistr jako své požehnání.

Pránájáma: Kontrola mysli pomocí ovládání dýchání.

Rámájána: „Život Rámy." Jedna z největších indických epických básní, jež popisuje život Rámy, sepsaná Valmikim. Ráma je považován za inkarnaci Boha Višnua. Hlavní část eposu líčí únos Síty, Rámovy manželky na Srí Lanku, králem démonů Ravanou a její záchranu Rámou a jeho oddanými.

Samsára: Svět mnohosti; cyklus zrození, smrti a opětovného zrození.

Sanjásin, sanjásini: Mnich či mniška, kteří přijali formální sliby zřeknutí se světského života. Sanjásin /ini obvykle nosí oblečení oranžové barvy, která symbolizuje spálení veškeré připoutanosti.

Satguru: Duchovní mistr, který došel sjednocení s Nejvyšším.

Satsang: sat – pravda, bytí; sangha – společnost. Společnost moudrých a ušlechtilých. I přednáška duchovního charakteru, kterou vede guru či duchovní mistr.

Sattva: Dobrota, čistota, pokoj. Jedna ze tří gun či fundamentálních kvalit přírody.

Suryanamaskar: „Pozdrav slunci." Jógové cvičení, které se skládá z *ásán* a *pránájámy*.

Šraddha: Termín *shraddha* znamená v sánskrtu víru, která je zakořeněná v moudrosti a zkušenosti; stejný výraz se v malajamštině používá pro označení bdělé pozornosti při jakékoli činnosti. Amma často používá termín s druhým významem.

Tulsi: Posvátná rostlina s názvem Svatá Bazalka (*Ocimum Sanctum*).

Vánaprašta: Životní etapa odloučení se od světského života. Podle starých indických tradic existují čtyři životní stádia. Nejdříve posíláme děti do *gurukuly*, kde žijí jako *brahmačárjové*. Když vyrostou, vstoupí do manželství a žijí v rodině (*grihasthašrami*), věnují se však stále duchovní cestě. Když jejich děti vyrostou a osamostatní se, odejdou rodiče do ústraní či *ašramu*, kde vedou spirituální život věnovaný pouze duchovní praxi. Během své čtvrté životní etapy se zcela zřeknou světa a žijí mnišským životem *sanjásinů*.

Vásána: (ze sánskrt. vas – zbývající, živoucí) *Vásány* jsou latentní sklony či jemné touhy mysli, které mají tendenci projevit se v naší činnosti a návycích. *Vásány* představují souhrnné výsledky našich zkušeností (*samskár*), které se otiskly do našeho podvědomí.

www.ingramcontent.com/pod-product-compliance
Lightning Source LLC
Chambersburg PA
CBHW070620050426
42450CB00011B/3089